25 Gründe,
warum Sie in Investmentfonds investieren sollten

von
Daniel K. Bergmann

Nutzen Sie auch die zusätzlichen Informationen zum Thema Investmentfonds auf den Seiten von www.investorentraining.de

Auf der Webseite haben wir für interessierte Leser weitere Informationen zusammengestellt, die wir Ihnen gerne zur Verfügung stellen. Falls Sie sich für spezielle Informationen und unseren Investmentrechner interessieren, können Sie sich auf unserer Website mit Ihrer E-Mail-Adresse eintragen. Wir senden Ihnen dann weitere Informationen und den Link für den Investmentrechner per E-Mail zu.

Sichern Sie sich den Leserbonus auf:
www.investorentraining.de/leserbonus

Risikohinweis und Haftungsausschluss

25 Gründe,
warum Sie in Investmentfonds investieren sollten

Daniel K. Bergmann, MBA

Bibliografische Informationen der Deutschen Nationalbibliothek:
Die Deutsche Nationalbibliothek verzeichnet diese Publikation in der Deutschen Nationalbibliografie; detaillierte Daten sind im Internet über http://dnb.dnb.de abrufbar.

Für Fragen und Anregungen:
info@investorentraining.de

© 2017 Daniel K. Bergmann
Herstellung und Verlag: BoD – Books on Demand, Norderstedt

ISBN: 9783744868594

Inhaltsverzeichnis

Grund 1
Investmentfonds sind einfach zu verstehen

Investmentfonds zu verstehen ist einfacher, als Sie vielleicht denken. Im Vergleich zu Versicherungsprodukten, Bausparverträgen und Banksparverträgen sind Investmentfonds sehr faire »Finanzprodukte«, deren Sinn tatsächlich darin besteht, Ihnen als Investor zu einem unbegrenzten Vermögenszuwachs zu verhelfen.

Wie unterscheiden sich Investmentfonds von den Sparprodukten der Banken, Bausparkassen und Versicherungsgesellschaften? Zunächst einmal darin, dass Sie mit Investmentfonds wirklich investieren und nicht nur sparen. Beim Sparen mit Bank- und Bausparverträgen erhalten Sie nur die garantierte Verzinsung. Die Mehrrenditen, die Banken und Bausparkassen mit den Kundengeldern erzielen, verbleiben bei den Banken und Bausparkassen. Bei den Versicherern sind Sie zwar am Gewinn der Anlagen beteiligt, die Versicherer können aber ihre Gebühren und Kosten für den Versicherungsschutz verrechnen sowie Erträge auch in diverse Rücklagentöpfe verbuchen statt sofort den Kunden gutzuschreiben. Wussten Sie, dass die sogenannte Beitragsrückgewähr bei Rentenversicherungsverträgen, also die Auszahlung des Vertragsguthabens im Todesfall, eine Versicherungsleistung ist und dass dafür ein Beitrag erhoben wird, der den Sparbetrag vermindert?

Wie gesagt, Investmentfonds sind einfach zu verstehen. Warum also trotzdem die Erläuterungen zu den Banken, Bausparverträgen und Versicherungen? Ganz einfach: Damit Sie noch besser erkennen, dass Investmentfonds fair und einfach zu verstehen sind. Investmentfonds sind eigenständige »Kapitaltöpfe«, die durch einen Fondsmanager oder Asset Manager verwaltet werden. Meist kümmern sich Investmentgesellschaften, Banken und Vermögensverwalter darum. Dieses Geld wird aber getrennt von deren Vermögen aufbewahrt und ist auch gesichert (dazu später mehr).

Es wird in Vermögenswerte investiert, für die der Investmentfonds konzipiert wurde.

Der Wert des Fondsvermögens wird durch die Summe der Anteile geteilt, d.h. der Wert eines Anteils multipliziert mit der Summe der Anteile ergibt den Gesamtwert des Fonds. Der Wert des gesamten Fondsvermögens und somit auch der Anteile schwankt je nach Wertveränderung der Werte, in die der Fonds investiert hat. Dieser Wert der Anteile wird täglich ausgewiesen und kann bei den Emittenten oder auch an den Börsen eingesehen werden. Für diesen verantwortungsvollen Job erhebt der Fondsmanager jährliche Gebühren, die in der konkreten Prozenthöhe ausgewiesen sind und für jeden vor dem Kauf von Anteilen einsehbar sind.

Alles ganz einfach zu verstehen.

Wichtig ist der Unterschied zwischen offenen und geschlossenen Investmentfonds. Dieses Buch bezieht sich immer auf die sogenannt offenen Investmentfonds. Geschlossene Investmentfonds werden oft für bestimmte Projekte eingesetzt, wie z.B. eine Schiffsfinanzierung oder Immobilienprojekte. Sie bieten nicht alle Vorteile der offenen Investmentfonds.

Grund 2
Bereits mit 25 € sind Sie am Start

Mittlerweile gibt es einige Depotbanken bzw. depotführende Stellen, die Fondssparpläne ab einem monatlichen Sparbetrag von 25 € anbieten.

Mit Einmalbeträgen können Sie bereits ab 250 € investieren. Sie können sogar mit noch geringeren Beträgen direkt an den Börsen Anteile von Investmentfonds kaufen. Bei Käufen über die Börse sollten Sie jedoch darauf achten, wie stark die Ankaufsgebühren ins Gewicht fallen. Bei Käufen über eine Fondsdepotbank wie der FIL Fondsbank (FFB), der Fondsdepotbank, Ebase usw. fällt nämlich nur der sogenannte Ausgabeaufschlag an. Bei Käufen direkt an den Börsen werden Ordergebühren fällig. Das ist von Fall zu Fall abzuwägen.

Anders als beispielsweise bei Versicherungsverträgen können Sie also bereits mit kleinen Sparbeiträgen starten und Ihr Portfolio und Fondsdepot wachsen lassen.

Können Sie sich vorstellen, dass aus einem monatlichen Sparbetrag von 25 € in 45 Jahren tatsächlich mehr als 91.000 € werden können, wenn das Depot mit 7 % Rendite pro Jahr wächst? Wer nicht ganz so hoch zielen will, der wird sich auch über 43.529,46 € bei einer durchschnittlichen Rendite von 4,5 % p.a. freuen.

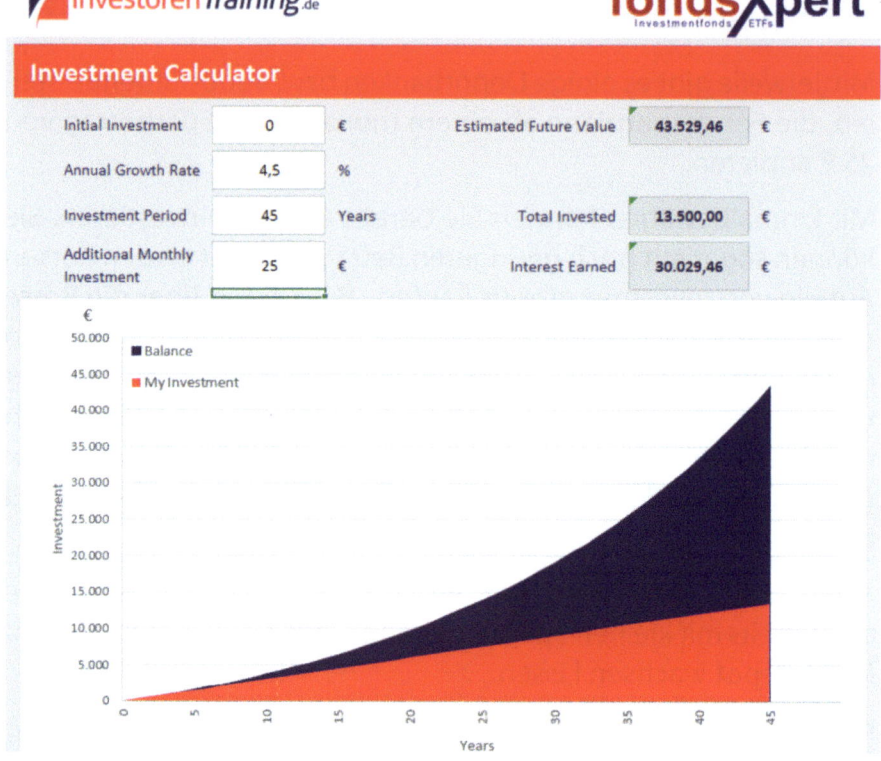

Abb. 1: Investmentrechner. [1]

---

[1] Unverbindliche Hochrechnungen ohne jede Gewährleistung. Die Hochrechnungen sind keine Anlageberatung oder Empfehlung zum Kauf von Wertpapieren.

Grund 3
Sondervermögen ist sicher

Das Fondsvermögen ist ein sogenanntes Sondervermögen. Es wird als eigenständiges Vermögen geführt und ist somit vom Vermögen der Bank, der Investmentgesellschaft, des Vermögensverwalters usw. getrennt.

Dies ist ein wichtiger Punkt. Denn das Fondsvermögen bleibt zum Beispiel unangetastet, wenn die Bank oder Investmentgesellschaft insolvent wird. Diese Möglichkeit erscheint uns hierzulande vielleicht als unrealistisch. Die Finanzkrise 2008 und die folgenden Jahre haben allerdings einige Banken in die Insolvenz geführt, bekanntestes Bankhaus war Lehman Brothers.

Vielen ist auch nicht bekannt, das zum Beispiel in den USA eine große Anzahl an Banken insolvent wurde. Das wurde hier nicht in den Medien thematisiert, weil es sich dabei vielfach um kleinere Regionalbanken handelte. Aber auch in Europa wären einige Banken ohne »Rettungsschirme« und staatliche Hilfsprogramme in Schieflage geraten. Vermutlich hätten wir ebenfalls einige Fälle von Bankinsolvenzen erlebt, wenn die europäischen Staaten ihre Bankhäuser nicht gestützt hätten.

Langer Rede kurzer Sinn: Das Fondsvermögen ist geschützt und wird als Sondervermögen geführt.

Aber bitte vergessen Sie nicht, dass die Investmentfonds in andere Titel investieren, wie zum Beispiel in Aktien oder Anleihen von Unternehmen und Banken. Diese Anleihen oder Zertifikate könnten im Falle einer Insolvenz der betreffenden Institutionen wertlos verfallen, und der Aktienkurs des Unternehmens bzw. der Bank könnte an den Börsen massiv einbrechen. Schuldtitel wie Anleihen und Zertifikate würden dann der Insolvenzmasse zugeordnet werden. Dabei ist nicht abzusehen, wie viel man als Besitzer eines solchen Papiers noch an investiertem Kapital zurückerhält. In so einem Fall würde also das Fondsvermögen um den Wertverlust dieser Position belastet werden. Aber da Fonds in eine Vielzahl von Werten investieren, ist das Ausfallrisiko insgesamt wesentlich geringer, als wenn man nur in wenige einzelne Titel direkt investiert. Diese Sachverhalte greifen wir später noch einmal auf.

Investmentfondsvermögen ist Sondervermögen. Sondervermögen ist sicher.

Allerdings ist der Wert des Sondervermögens nach wie vor von den Werten der gehaltenen Anteile abhängig bzw. ergibt sich aus den Gegenwerten der gekauften Wertpapiere.

Grund 4
Jederzeitige Verfügbarkeit

Sie können Ihre Investmentfondsanteile täglich an die Fondsgesellschaft zurückgeben oder sie zu den Handelszeiten an der Börse verkaufen. Einige Broker bieten sogar außerbörslichen Handel diverser Werte an, so dass man manche Werte sogar noch nach Börsenschluss verkaufen kann.

Der normale Weg besteht allerdings darin, die Anteile über die depotführende Stelle bzw. Fondsdepotbank an den Emittenten, die Fondsgesellschaft zurückzugeben. Dafür erhalten Sie dann den Rücknahmepreis, der dem Gegenwert des Fondsvermögens entspricht.

Zur Information: Es gibt den sogenannten Rücknahmepreis und den Ankaufspreis. Der Ankaufspreis ist der Rücknahmepreis zzgl. des Ausgabeaufschlags des Fonds. Der Ausgabeaufschlag ist eine Gebühr, die für Abwicklung, Beratung und Ankauf erhoben wird. Aus diesen Ankaufsgebühren wird auch der Berater für seine Tätigkeit entlohnt.

Genauso, wie man also Investmentfondsanteile jederzeit kaufen kann, kann man sie auch jederzeit wieder verkaufen und zurückgeben. In dieser Hinsicht sind offene Investmentfonds anderen Investments und Sparverträgen weit voraus.

Denken Sie an Sparbücher und Sparverträge mit Kündigungsfristen von drei Monaten, bei denen sonst Strafzinsen fällig werden, oder an die Rückkaufswerte von Versicherungen, bei denen Versicherer nochmal Gebühren verrechnen und in Abzug bringen.

Investmentfonds zeichnen sich durch Flexibilität und schnelle Liquidierbarkeit aus. Sie sind also schnell wieder zu Geld zu machen.

Bei einem Verkauf an der Börse wird die Gutschrift auf dem Verrechnungskonto des Depots unmittelbar nach dem Verkauf gebucht. Bei Rückgaben an die Fondsgesellschaft (das normale Prozedere) ist der Zeitpunkt der Rückgabemeldung der Depotbank maßgeblich. Investmentgesellschaften haben dafür jeweils unterschiedliche Meldefristen: Einige setzen bei der Abrechnung der Anteile den Tagesschlusskurs des Fonds an, wenn die Verkaufsorder bis 10 Uhr eingegangen ist, andere bis 12 Uhr. Alle Verkaufsorders, die nach diesen Uhrzeiten eingehen, werden dann erst zum Tagesschlusskurs des nächsten Handelstages abgerechnet.

Grund 5
Transparenz statt Blackbox

Wie bereits erwähnt, sind die Preise der Investmentfondsanteile jederzeit an den Börsen und beim Emittenten einsehbar. D.h. jeder Investor kann sich den Wert seiner Anteile selbst ausrechnen.

Wichtig ist dabei zu wissen, dass man seine Anteile mit dem Wert pro Anteil multipliziert. So kommt man auf den Gesamtwert der Anteile eines bestimmten Fonds. Wer verschiedene Investmentfondsanteile in seinem Depot hält, muss dies für jeden Fonds separat ausrechnen, um auf den Gesamtdepotwert zu kommen.

Der Preis ist aber nur ein Teil der Transparenz. Daneben sind auch die Anlagen und Ergebnisse der Anlagen jederzeit mit den Berichten der vergangenen Quartale und Jahre einsehbar und somit auch nachvollziehbar.

Noch wichtiger allerdings als die vergangenen Werte wird für den bereits erfahrenen Investor die Strategie und die aktuelle Gewichtung des Fonds sein.

Wie erwähnt, werden Investmentfonds immer mit einem bestimmten Anlageziel aufgelegt, etwa einem international anlegenden Aktienfonds, der in Standardwerte investiert. Das bedeutet, dass der Investmentfonds ein Aktienfonds ist, der zu 100% in Aktien investiert und dabei Werte aus jedem Land auswählen kann. Der Fondsmanager wird dabei die in den großen Indizes gelisteten Standardwerte berücksichtigen, wie z.B. DAX, Dow Jones, S&P 500 oder MSCI World.

Wenn man sich das Factsheet des Fonds anschaut, wird genau dies ausgewiesen: in welche Werte der Fonds investiert, in welcher Region und welcher Index als Benchmark gilt. Bei international anlegenden Fonds kann dies zum Beispiel der MSCI World sei, bei einem länderspezifischen Standardwertefonds der Dow Jones,

TSX, DAX, FTSE, CAC, SMI, ATX, OMX, IBEX, HSI usw. und bei einem europäischen Standardwertefonds der Euro Stoxx 50.

Weiter sind die jährlichen Verwaltungsvergütungen von ca. 1 % bis 2 % per anno ausgewiesen sowie evtl. eine Performance Fee, die der Fondsmanager erhält, wenn er eine bestimmte Wertentwicklung übertroffen hat. Diese kann, muss aber nicht Bestandteil sein und wird vom Initiator festgelegt. Wenn ein Fonds beispielsweise in drei Jahren um x Prozent besser ist als der MSCI World, dann bekommt er zum Beispiel 10 % der Mehrperformance als Bonus.

Wichtig ist auch die Chartübersicht über den Kursverlauf des Fonds. Diesen kann man problemlos über bestimmte Zeiträume einsehen, ebenso oftmals die größten Positionen des Fonds. Das alles sind gute Indikatoren, um die Ausrichtung und die Strategie des Fonds abzuleiten, aber auch um zu sehen, von welchen Entwicklungen der Fondsmanager in Zukunft ausgeht und wie er den Fonds dafür positioniert hat.

Transparenz statt Blackbox – nahezu alle Informationen sind einsehbar.

Grund 6
Handelbarkeit und viele Börsenplätze

Wie schon erörtert, kann man Investmentfondsanteile im Prinzip rund um die Uhr kaufen und verkaufen bzw. die Kauf- oder Verkaufsorder abgeben. Dies kann mittlerweile nicht nur per Post oder Fax, sondern auch überwiegend elektronisch, per Login in das Depot, eigenständig mit Pin und Tan durchgeführt werden. Der tatsächliche Verkaufsvorgang erfolgt dann allerdings zu den Handelszeiten oder mit der Abrechnung bei der Investmentfondsgesellschaft, nachdem der Schlusskurs des Investmentfonds feststeht.

Da es jedem Investor auch je nach Depotbank freisteht, seine Anteile an der Börse direkt zu verkaufen, kann man seine Anteile auch dort verkaufen und evtl. sogar im außerbörslichen Handel außerhalb der üblichen Handelszeiten. Im Prinzip steht einem dafür jeder Börsenplatz offen, der diese Anteile handelt. Einzig auf das Volumen der gehandelten Anteile sollte man in diesem Fall achten, da an manchen Börsen eher Investmentfondsanteile gehandelt werden als an den anderen Börsen. Schauen Sie sich dafür z.B. einmal die Börsen in Frankfurt und Hamburg an.

Wenn wir die Handelbarkeit von Investmentfonds wieder einmal im Vergleich sehen, dann haben Investmentfonds hier eindeutig Vorteile gegenüber Anlagen in Werte die nicht börsengehandelt sind und bei denen ein Zweitmarkt fehlt, von den Kündigungsfristen bei Sparverträgen usw. ganz abgesehen.

Viele Möglichkeiten und viele Börsenplätze, taggenaue Käufe und Verkäufe sind möglich. Investmentfonds sind flexibel und schnell handelbar.

Grund 7

Investmentfondsanteile sind transportabel

Bevor Sie Investmentfondsanteile kaufen, benötigen Sie ein Depot, in dem Sie die Investmentfondsanteile halten können. Eingangs hatte ich schon erwähnt, dass man diese Depots bei Fondsdepotbanken, Fondsplattformen, Broker oder Banken führen kann. Es gibt aber auch einige Anbieter, die Depotlösungen speziell auf Privatkunden zugeschnitten anbieten und vor allem auch ein unabhängiges Angebot an Investmentfonds zur Verfügung stellen.

Gegenüber den Lösungen bei den Hausbanken unterscheiden sich diese dahingehend, dass Sie sich als Kunde wirklich die besten Investmentfonds in Ihr Depot kaufen können und nicht nur die Fondsanteile der bankzugehörigen Investmentgesellschaft. Sollten Sie dennoch einmal ein Depot bei einer anderen Depotbank eröffnen wollen, so können Sie die eingelagerten Investmentfondsanteile einfach in das neue Depot übertragen lassen und dort weiterführen. Bei den speziellen Anbietern funktioniert das in der Regel einwandfrei. Sollten Sie bei Ihrer bisherigen Depotbank nicht auf Gegenliebe stoßen, stimmen Sie eine Übertragung vorher mit beiden Depotbanken ab.

Aber generell sind die Investmentfondsanteile, so wie andere Wertpapiere auch, transportabel. Sie haben also auch hier wieder Vorteile gegenüber anderen Investmentvarianten oder Sparverträgen, bei denen das Kapital bei einem bestimmten Anbieter gebunden ist.

Investmentfondsanteile können von einem Depot in ein anderes übertragen werden und sind somit transportabel.

Grund 8
Die Renditen sind höher als bei Sparprodukten

Investmentfonds haben den Vorteil, dass Sie damit investieren können und somit eine Rendite aus den gekauften Anlagen erhalten. Anders als bei Banksparverträgen, bei denen Sie einen festgelegten Sparzins bekommen, erhält der Investmentfonds die Erträge aus den einzelnen Anlagen direkt als »Return« bzw. Rendite verbucht. Die Renditen und Kursgewinne aus den einzelnen im Fonds gehaltenen Wertpapieren führen zu dem gesamten Ertrag des Investmentfonds.

Von 2006 bis 2016 lagen die durchschnittlichen Renditen der Investmentfonds je nach Anlagebereichen zwischen 3,54 % und 5,35 %.

Hier die durchschnittlichen Renditen nach Anlagebereichen (p.a.):[2]

Euro-Geldmarkt	3,54 %
Immobilien	3,56 %
Euro-Unternehmensanleihen	3,56 %
Aktien Industrieländer	4,35 %
Aktien Schwellenländer	4,86 %
Euro-Hochzinsanleihen	5,35 %
Gold	10,13 %

Bitte beachten Sie dabei, dass es sich um Durchschnittswerte handelt und die Top-Investmentfonds teilweise ein weitaus besseres Ergebnis erzielt haben. Weiter sollte man beachten, dass sich die Wertentwicklungen des jeweiligen Zehn-Jahres-Zeitraums auch mit jedem Tag, um den sich der Betrachtungszeitraum verschiebt, verändern.

Und als weiteren wesentlichen Faktor sollte man wissen, dass z.B.

die internationalen Aktien in diesem Zehnjahreszeitraum den Crash in 2008 und eine Korrektur in 2011 erfahren haben.

Die Renditen lagen nämlich bei 9,8% in 2006, 29,3 % in 2009, 18,1% in 2010, 11,7% in 2012, 17,7 % in 2013, 14,3 % in 2014, 7,8 % in 2015, 1,14% in 2016. Die Jahre 2007 mit 0%, 2008 mit -39,2% und 2011 mit -6,4 %, haben die durchschnittliche Rendite auf diesen niedrigen Wert von 4,35 % gebracht.

Ausgesuchte Fonds erreichten in den letzten fünf Jahren folgende Renditen (p.a.):[3]

BNY Mellon Euroland Bond	4,43 % p.a
Invesco European Bond Fund	6,12 % p.a
Invesco Euro Corporate Bond Fund	5,00 % p.a.
Threadneedle European High Yield	7,08 % p.a.
Flossbach von Storch Multiple Opport.	9,22 % p.a.
DWS Top Dividende	11,41 % p.a.
Allianz Europe Equity Growth	12,20 % p.a.

Die Renditen von Investmentfonds liegen in der Regel höher als die von Sparprodukten. Sie unterliegen allerdings auch dem Risiko von Wertschwankungen.

---

[2] Quelle: FVBS Fundanalyser, alle Werte in Euro umgerechnet (Stand 31.7.2016).
[3] Quelle: *Investmentfonds – So finden Sie die richtigen Investmentfonds*, BoD Verlag, Norderstedt, 2017. Betrachtungszeitraum fünf Jahre, Stand 8.2.2017.

Grund 9
Investmentfonds und ETFs sind kostengünstig

Die Kosten für die Verwaltung eines Investmentfonds werden mittels einer Verwaltungsgebühr pro Jahr direkt aus dem Fondsvermögen erhoben. Die jährliche Wertentwicklung der beispielhaft aufgezeigten Fonds ist also bereits um die Verwaltungskosten der Fonds vermindert.

Bei den Investmentfonds fallen unterschiedlich hohe Gebühren an. Dies ist damit zu erklären, dass manche Fonds auch höhere Kosten für die Abwicklung und die Orders tragen müssen, während andere eher selten Anpassungen am Portfolio vornehmen müssen und keine größeren Kosten für die Abwicklung und das Research haben. In der Regel erheben Investmentfonds Verwaltungsgebühren von 1 % bis 2 % pro Jahr, manche auch mehr. Ich bin der Ansicht, dass gute Arbeit und Mehrwerte auch entlohnt werden dürfen, insbesondere wenn die Ergebnisse stimmen und besser sind als die Vergleichswerte, die Benchmark.

Als Alternative zu den aktiv gemanagten Investmentfonds gelten die ETFs, die »Exchange Traded Funds«, die als passives Investment in der Regel verschiedene Märkte und Benchmarks abbilden. Der Sinn der ETFs ist es, möglichst nahe an der Wertentwicklung der Benchmark zu sein. Sie sind somit ein Instrument der Indexnachbildung und gelten als kostengünstige Variante der aktiven Investmentfonds.

Die jährliche Gebühr für die ETFs liegt in der Regel bei 0,1 % bis 0,8 %. Auch hier gilt wieder, dass die Märkte in Europa und den USA preiswerter sind. Die Länder in Asien und die arabischen Staaten benötigen etwas höhere Gebühren.

Beide Varianten haben ihre Berechtigung. Bei den ETFs geht man davon aus, dass die Märkte informationseffizient sind und die

25 GRÜNDE, WARUM SIE IN INVESTMENTFONDS INVESTIEREN SOLLTEN

meisten Fondsmanager den Markt nicht schlagen, also die Rendite des Marktes die beste Wahl ist. Bei der aktiven Variante, den gemanagten Fonds, geht man hingegen davon aus, dass die Fondsmanager durch aktive Allokation und Steuerung des Fonds einen Mehrwert erzielen und die Benchmark, also den Markt, schlagen können.

Welche Variante für einen Investor die passende ist, muss jeder für sich selbst entscheiden. Erfahrungsgemäß kann auch eine Kombination beider Varianten sinnvoll sein. Seit vielen Jahren sieht man allerdings auch Investmentfonds, die ihre Vergleichsbenchmark deutlich hinter sich lassen.

Auf jeden Fall sind Investmentfonds und ETFs kostengünstig.

Die im Ankauf anfallenden Ankaufsgebühren, der sogenannte Ausgabeaufschlag, wird einmalig erhoben und liegt je nach Anlagebereich des Fonds zwischen 0 % und 5 %. In der Regel werden 2 % bis 5 % erhoben, in manchen Fällen auch bis zu 6,5 %. Mit diesen Gebühren werden die Beratung und der Ankauf vergütet.

Grund 10
Das Rundumpaket – alles wird gemanagt

Investmentfonds werden von den Fondsmanagern gemanagt und als Sondervermögen geführt. Die Fondsmanager haben die Aufgabe, das Vermögen des Fonds gemäß dessen Anlagezweck zu investieren und diese Investments zu überwachen.

Zu diesen Aufgaben gehört es, sowohl die Märkte und deren zukünftige Entwicklung zu überwachen, als auch daraus abzuleiten, wie sich einzelne Werte, wie zum Beispiel Aktien oder Anleihen bestimmter Unternehmen, in diesen Märkten entwickeln werden. Ziel des Fondsmanagers ist es dann, die Werte ausfindig zu machen und das Kapital so zu investieren, dass das Vermögen des Fonds wächst bzw. die ausgesuchten Werte eine positive Entwicklung nehmen. Die Entwicklung aller Werte spiegelt sich an jedem Tag im Wert eines Investmentfondsanteils wieder.

Je nach Anlageziel, Anlagebereich und Strategie können sich die Investoren komplett zurücklehnen und die Fondsmanager ihre Arbeit machen lassen, denn alle zu erledigenden Aufgaben erledigen die Fondsmanager.

Da man in der Regel eine weitaus bessere Rendite als bei Bank- und Bausparverträgen erhält, sind Investmentfonds ein im Risiko ausgewogenes Instrument, um aktiv in diverse Anlagewerte und Asset-Klassen zu investieren. Bei allen anderen Investmentmöglichkeiten muss man ein weitaus höheres Risiko tragen, da die Streuung eines Pools von Investoren nicht gegeben ist und sich andere Anlagen meist nur auf einzelne Anlageobjekte oder Projekte beziehen.

Auf jeden Fall kann man sich als Investor nach dem Fondsauswahlprozess auf die Fondsadministration und somit auf eine professionelle Verwaltung seines Kapitals verlassen.

Investmentfonds sind ein Rundumpaket – alles wird für Sie gemanagt.

Einzig bei der Auswahl der Investmentfonds sollten Sie gezielt selektiv vorgehen, damit Sie auch die für Sie richtigen Investmentfonds finden und auswählen. Die richtigen Fonds werden Ihnen gute Mehrwerte bringen und Ihrem Depot viel Freude bereiten.

Grund 11
Investieren statt sparen

Bei Bank- oder Bausparverträgen spart man einen bestimmten Betrag pro Monat und erhält dafür einen bestimmten Zinssatz. Der Vorteil dieser Variante ist die Sicherheit, die darin besteht, dass man kein Geld verlieren kann und den Zinssatz garantiert bekommt.

Allerdings sind die Angebote der Banken und Bausparkassen für Sparverträge mit so gut wie keinen Zinsen auch im Interesse der Sparer gleich Null. Zugleich gibt es auch dabei ein Risiko: Einlagen bei Banken sind nur bis zu einem bestimmten Betrag gesichert. Darüber hinausgehendes Kapital ist im Falle einer Insolvenz der Bank gefährdet. Zudem trägt der Sparer das Inflationsrisiko. Das ist nicht allen bewusst. Während die Sparkonten teilweise mit 0,25 % oder vielleicht 0,5 % verzinst werden, nagt die Inflation mit 2 % bis 3 % pro Jahr an der Kaufkraft des Kapitals.

Schon aus diesem Grund sollten Sparer zu Investoren werden, da nur Investments in Sachwerte auch inflationsgesichert sind. Als Sachwerte gelten zum Beispiel Immobilien, Aktien, Rohstoffe usw. Mit Investmentfonds investiert man in verschiedene Werte und Anlageklassen, so dass man sein Geld ohne garantierte Zusicherung einer bestimmten Rendite investiert. Dieses »Risiko« wird dann allerdings in der Regel damit belohnt, dass sich diese Anlagen dynamischer entwickeln und eine wesentlich interessantere Rendite in Aussicht stellen.

Mit Investmentfonds investiert man je nach Anlageklasse (mehr dazu im nächsten Kapitel) in die Entwicklung von einzelnen Werten in verschiedenen Bereichen. Damit ist man z.B. auch Investor in verschiedene Unternehmen, fördert deren Entwicklung und partizipiert auch daran. Damit erfüllt man auch eine wichtige Funktion in der Volkswirtschaft und ist aktiv am Wirtschaftsgeschehen der verschiedenen Länder beteiligt.

Mit Investmentfonds fängt man an zu investieren statt zu sparen.

Grund 12
Investmentfonds gibt es für viele Asset-Klassen

Eine Asset-Klasse ist ein Anlagebereich, wie Immobilien, Anleihen, Aktien usw. Diese Anlageklassen kann man noch feiner unterteilen und Investmentfonds aufsetzen, die nur bestimmte Teilbereiche einer Asset-Klasse abbilden und in diese investieren.

Eine Übersicht über einige Bereiche, für die Investmentfonds aufgelegt wurden:

Geldmarktfonds
Immobilienfonds in Europa / international
Europäische Staatsanleihen
Internationale Staatsanleihen
Europäische Unternehmensanleihen
Internationale Unternehmensanleihen
Hochzinsanleihen in Europa / international / in Schwellenländern
Anleihen Langläufer, Kurzläufer, Investmentgrades
Aktien Europa
Aktien international
Aktien Schwellenländer
Aktien Standardwerte und Nebenwerte
Aktien Branchen
Aktien Regionen
Aktien Länder
Aktien ökologisch, ethisch, nachhaltig
Aktien Dividendenwerte
Aktien Growth
Aktien Value
Aktien Reits

Aktien Rohstoffe, Explorer und Produzenten
Rohstoffe diverse Werte, Gold, Silber, Platin usw.
Rohstoff Indizes
Total Return Fonds
Mischfonds defensiv, offensiv, balanciert, vermögensverwaltend
… und viele weitere mehr.

Unter diesen Tausenden von Möglichkeiten kann man sich ein ausgezeichnetes Portfolio an Investmentfonds zusammenstellen, die alle für den Investor relevanten Bereiche abdecken.

Investmentfonds gibt es für viele Asset-Klassen.

Grund 13
Diversifizieren leicht gemacht

Nach der Portfoliotheorie und dem »Capital Asset Pricing Model« (CAPM, »Preismodell für Kapitalgüter«) sind eine breite Streuung und die Diversifikation der Kapitalanlagen empfehlenswert, um das Portfolio zu optimieren.

Nach der Portfoliotheorie gilt ein Portfolio als effizient, wenn es kein alternatives Portfolio mit gleicher erwarteter Rendite gibt, das einem geringeren Risiko zugrunde liegt oder das bei gleichem Risiko eine höhere erwartete Rendite aufweist.[4]

Neben der Streuung der Anlagen ist relevant, ob die Anlagen miteinander korrelieren oder nicht vollständig positiv korrelieren. Wenn die Anlagen nicht vollständig »gleichlaufen«, ist ein Teil des Einzelanlagenrisikos ausgeschaltet.[5]

Nach dem CAPM kann bei einem effizienten Portfolio gezeigt werden, dass eine höhere Rendite immer mit der Inkaufnahme eines höheren Risikos einhergeht. »Es besteht ein proportionaler Zusammenhang zwischen erwarteter Portfoliorendite und Portfoliorisiko. «[6] Für den Investor bedeutet das, dass er sein Portfolio nach dem gewünschten Risiko und der Renditeerwartung gestalten sollte. Es sollte sowohl breit gestreut als auch diversifiziert sein. Die Streuung wird innerhalb der Fonds erreicht (dazu mehr auf den nächsten Seiten). Die Diversifikation erreicht man durch eine prozentuale Aufteilung der Anlageklassen und Investmentfonds in seinem Depot.

Laut einer Presseinformation von McKinsey vom 19.7.2011 sind die Anlagen vermögender Privatkunden in Deutschland statistisch zu 30 % in Aktien, 30 % in Rentenpapieren, 30 % in Cash und Geldmarktfonds und 10 % in alternative Investments und Mischfonds investiert.[7] In den letzten Jahren haben Anleihen und Mischfonds weitere Kapitalzuflüsse verzeichnen können.

Wie das Depot gestaltet sein soll, muss sich jeder Investor selbst überlegen oder zusammen mit einem Finanzanlagenberater besprechen. Ob Sie jeweils zu gleichen Teilen in Immobilien, Anleihen, Aktien usw. investieren oder das Risiko und die Renditeerwartung verlagern, obliegt Ihnen. Auf jeden Fall stehen jedem Investor eine Reihe von Fonds, auch innerhalb der Anlageklassen, zur Verfügung, mit denen ein Portfolio bzw. Depot aufgebaut und diversifiziert werden kann.

Mit Investmentfonds ist diversifizieren leichtgemacht.

---

[4] Vgl. Prof. Dr. Martin Faust: *Portfoliomanagement Grundlagen*, Frankfurt School of Finance & Management, Frankfurt am Main, 3. Auflage, 2008.

[5] A.a.O., S. 11–19.

[6] A.a.O., S. 20.

[7] McKinsey, Presseinformation vom 19.7.2011, »Deutsches Private Banking im Umbruch«. Quelle: https://www.mckinsey.de/2011-07-19/deutsches-private-banking-im-umbruch

Grund 14
Risikostreuung ist simpel

Die Gründe für die Risikostreuung wurden in der vorangegangenen Begründung bereits erörtert. Ganz unwissenschaftlich ergänzt, ist vermutlich jedem klar, dass es das Risiko vermindert, wenn man sich mehrere Werte aussucht, in die investiert wird. Die Streuung führt dazu, dass eine negative Entwicklung eines Wertes nicht voll auf das Gesamtkapital durchschlägt, sondern durch die positiven Entwicklungen der restlichen Anlagen aufgefangen und abgemildert wird. Die Risikostreuung führt also zur Senkung des Risikos und zu einer Durchschnittsbildung des Ergebnisses.

Mit Investmentfonds ist man da grundsätzlich schon einmal gut positioniert, da jeder Investmentfonds in eine ganze Reihe von Werten investiert, oftmals sogar in hundert bis zweihundert Werte. Die Risikostreuung wird also schon ab dem ersten Fonds, aber natürlich nur innerhalb des Fondsanlageuniversums, durchgeführt. Das bedeutet, dass Sie bei einem Anleihefonds bereits innerhalb eines Fonds eine Streuung haben. Durch die Aufteilung des Kapitals auf mehrere Fonds würden Sie noch weitergehende Streuungseffekte erhalten.

Interessant ist hierbei auch, dass man innerhalb einer Assetklasse, etwa innerhalb der Anleihen, wiederum in verschiedene Anlageuniversen der Fonds, wie Hochzinsanleihen, Staatsanleihen, Unternehmensanleihen usw. investieren kann. Somit investiert man auch innerhalb einer Anlageklasse in diversen Risikobereichen.

Wenn neben der breiten Streuung auch noch diversifiziert werden soll, dann müssen Fonds anderer Anlageklassen beigemischt werden. Als Alternative für viele einzelne Fonds können je nach Anlagestrategie auch die Mischfonds interessant sein, die je nach Fondsstrategie in verschiedene Anlageklassen investieren und somit sowohl streuen als auch diversifizieren.

Risikostreuung ist mit Investmentfonds ganz simpel.

Grund 15
Alles an einem Ort

Im Gegensatz zu den diversen Sparverträgen, Bausparverträgen und Versicherungen befinden sich bei einem Investmentfondsdepot alle Unterlagen und Informationen an einem Ort.

Wie viele Investmentfondsanteile oder wie viele verschiedene Investmentfonds Sie für Ihr Depot auch aussuchen – alle Werte und Anteile sind ordentlich und chronologisch im Investmentdepot einzusehen, ebenso der Wert der einzelnen Positionen und der Gesamtwert. Darüber hinaus können Sie über die Depotpositionen jederzeit auf die verfügbaren Informationen zu jedem einzelnen Investmentfonds zugreifen, etwa auf das Factsheet, den Jahresbericht, die Quartalsberichte, die Charts usw.

Wenn die Vermögenswerte gebündelt werden sollen, so ist das eine gute Möglichkeit, **alles an einem Ort zu haben.**

Über den Onlinezugriff per Internet oder auf dem Smartphone haben Sie alles zu jeder Zeit im Blick.

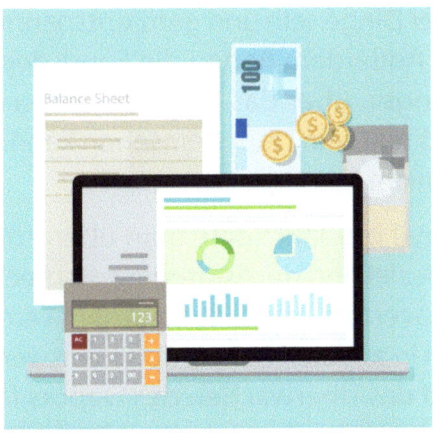

Abb. 2: Alle Werte im Blick. [8]

Grund 16
Ein paar Minuten pro Jahr reichen

Wenn das Depot einmal gestaltet und ein gutes Portfolio zusammengestellt wurde, dann reicht es im Normalfall, dass der Investor in gewissen Abständen überwacht, wie sich seine Investments entwickeln und ob Anpassungen vorgenommen werden sollten.

Die meisten Langfristinvestoren tendieren dazu, die Anlagen nach dem Kauf für viele Jahre liegen und sich entwickeln zu lassen. Einige Anleger schenken also den Investments kaum Aufmerksamkeit. Als Investor sollte man seine Anlagen allerdings überwachen und sich mit seinen Investments beschäftigen. Bei Investmentfonds übernimmt der Fondsmanager das Management des Fondsvermögens, so dass man als Investor nur das Ergebnis und die Entwicklung der Fonds überwachen muss.

Wer die Zeit aufbringen kann und sich für das weltweite Wirtschaftsgeschehen interessiert, der wird durch wenige Minuten Nachrichten-Fernsehen und einen kurzen Blick ins Depot schnell auf dem Stand der Dinge sein und ganz entspannt sein Depot überblicken können. Außerdem haben die Fondsdepotbanken neben den Depotzugängen über das Internet mittlerweile auch Apps, mit denen man direkt sein Depot einsehen kann. Entspannter und leichter geht es nicht.

Mindestens einmal pro Jahr sollte man überprüfen, ob die Fonds noch dem Anlageziel und der Strategie entsprechen, ob ein Rebalancing der Risikoverteilung vorgenommen werden sollte oder ob Umschichtungen in andere Fonds empfehlenswert wären. Für diese Auswertung und das Überwachen des Depots fallen pro Jahr nur ein paar Minuten an, keine langwierigen Recherchen, keine langen Wege oder Gespräche.

Ein paar Minuten pro Jahr reichen.

Grund 17
Regulierung und Überwachung

Glücklicherweise sind Investmentfonds in vielen Ländern gut reguliert und überwacht. In Deutschland und Europa gelten viele Anforderungen und Richtlinien. Diese müssen von den Kapitalverwaltungsgesellschaften befolgt werden und werden durch spezielle Institutionen überwacht. In Deutschland ist dies beispielsweise die BaFin, die Bundesanstalt für Finanzdienstleistungsaufsicht.

Die BaFin überwacht den Markt, das Marktverhalten der Kapitalverwaltungsgesellschaften und die Einhaltung der Vorschriften nach dem Kapitalanlagegesetzbuch. Darüber hinaus prüft die BaFin bei inländischen und ausländischen Investmentfonds, die auf den deutschen Markt gebracht werden sollen, ob sie die Voraussetzungen erfüllen. Sie kann den Vertrieb auch untersagen.

So wie es in Deutschland die BaFin gibt, gibt es in anderen Ländern andere Behörden und Institutionen, die sich um die Regulierung und Überwachung kümmern. In Deutschland wird man bei einer deutschen Fondsdepotbank in der Regel die in Deutschland und Europa zum Vertrieb zugelassenen Fonds zur Auswahl haben.

Wichtig ist dabei dennoch, wo die Fonds registriert sind. Das kann man ganz einfach an Hand der ISIN (»International Securities Identification Number«). Diese zwölfstellige Buchstaben-Zahlen-Kombination ist die Identifikationsnummer für ein Wertpapier, das an den Börsen gehandelt wird. Die ISIN beginnt immer mit der Landeskennung, wie am Beispiel der folgenden beiden Fonds ersichtlich ist:

Flossbach von Storch SICAV – Multiple Opportunities R
ISIN **LU**0323578657
oder
DWS Top Dividende
ISIN **DE**0009848119

Der Flossbach-von-Storch-Fonds ist in Luxemburg registriert, während der DWS-Fonds in Deutschland registriert wurde. In der Regel findet man in Deutschland viele Fonds, die in Deutschland, Luxemburg, Österreich, der Schweiz, Frankreich, Irland und Grossbritannien zugelassen sind.

Hier einige Kennungen zur Unterscheidung:

DE Deutschland	AT Österreich	CH Schweiz
US USA	CA Kanada	GB Großbritannien
IFR Frankreich	LU Luxemburg	LI Liechtenstein
IE Irland	NL Niederlande	CN China

Bitte beachten Sie aber, dass Investmentfonds mit einer Registrierung außerhalb Europas auch andere Regulierungsvorschriften und Überwachungsinstitution haben.

Grund 18
In Unternehmen investieren, deren Produkte man kauft

Mit Investmentfonds können Sie auch direkt in Unternehmen investieren, deren Produkte Sie selbst kaufen oder deren Dienstleistung Sie in Anspruch nehmen. Das ist eine gute Möglichkeit, um an den Gewinnen und der Entwicklung dieser Unternehmen teilzunehmen.

Wer noch nie in Berührung kam mit Investments, meint oft, er habe »mit Aktien und Fonds nichts zu tun«. Aber als Kunde eines Unternehmens sorgen Sie durch Ihre Käufe für einen Teil der Gewinne des Unternehmens und bescheren diese wiederum den Aktionären und somit auch den Fondsanteilseignern.

Nehmen wir an, morgens klingelt Ihr Radiowecker von Sony. Sie stehen auf, gehen ins Bad und schalten das Licht ein. Der Strom dafür wird von RWE produziert. Sie frühstücken ein paar Frühstücksflocken von Kellogg's, putzen sich mit der Elmex Zahnpaste die Zähne und ziehen danach Ihre Kleider von Esprit, H&M oder Hugo Boss an. Dann fahren Sie mit Ihrem VW, BMW oder Mercedes zur Arbeit. Ihr Apple-iPhone oder Samsung-Smartphone klingelt. Ihr Freund ruft Sie an, um Ihnen mitzuteilen, dass er die Konzertkarten bei Eventim gekauft hat. Sie halten kurz an der Shell-Tankstelle, tanken ein paar Liter Benzin und holen sich eine kalte Coke Zero, bevor Sie weiter zur Arbeit fahren. In Ihrem Büro angekommen, setzen Sie sich an Ihr Lenovo-Dienst-Notebook und checken das E-Mail-Postfach, da klingelt schon das Siemens-Telefon auf Ihrem Tisch, und Ihr Kollege bittet Sie, die neuesten Infos der Kollegen in der SAP-Software anzuschauen, nachdem das Update von Microsoft Windows durchgelaufen ist. Zum Mittag möchte er Sie zu McDonalds einladen und kurz die neuesten Infos besprechen. Sie lassen den ereignisreichen Tag später auf dem Sofa ausklingen, nachdem Sie Ihre Wäsche mit Waschmittel von Henkel in die Waschmaschine gesteckt haben. Zum Glück hat der DHL-Bote die DVD von Amazon bei Ihnen eingeworfen, so dass Sie den neuesten Walt-Disney-Film auf Ihrem neuen 4K-Samsung-TV anschauen können. Sie backen sich noch schnell eine Wagner-Pizza auf, und schon kann der Movie-Abend starten ...

Solche Beispiele lassen sich nach Belieben weiterführen. Ganz unbemerkt greifen wir ständig auf bekannte Markenprodukte von Aktiengesellschaften aus der ganzen Welt zurück. Wenn man also als Konsument sein Geld für Produkte der börsennotierten Unternehmen ausgibt, dann erscheint es auch sinnvoll, dass man sein Kapital in einige dieser Unternehmen investiert und an ihren Gewinnen partizipiert. Ist Ihnen aufgefallen, aus welchen Ländern die Produkte kommen? Genauso wie in jedem Land Produkte aus anderen Ländern gekauft werden, so kann man auch an den Gewinnen von Unternehmen aus verschiedenen Ländern beteiligt sein.

Natürlich lässt sich das Beispiel auch mit ökologisch oder anders ausgerichteten Unternehmen durchspielen.

Grund 19
Mit Investmentfonds »Cashflow« erzeugen

Cashflow ist eine wirtschaftliche Messgröße. Sie stellt den Netto-zufluss liquider Mittel dar. Im Gegensatz zu den Kursgewinnen, die gehaltene Wertpapiere erfahren können, ist der Cashflow von Wertpapieren der Zufluss von liquiden Mitteln aus den Anlagen.

Bei Investmentfonds gibt es grundsätzlich die Varianten der Thesaurierung und der Ausschüttung. Bei der Ausschüttung werden die dem Fonds zugeflossenen Mittel aus Dividenden und Zahlungen an die Anteilseigner der Fondsanteile ausgeschüttet. Bei der Thesaurierung werden diese Erträge direkt wieder zur Anlage innerhalb des Fonds gebracht.

Wer sein Investmentfondsvermögen einfach wachsen lassen will, der wählt oft die automatische Wiederanlage mit den thesaurierenden Investmentfonds, während Investoren, die sowohl Kursgewinne als auch Auszahlungen von Dividenden und Renditen erreichen wollen, sich eher für die Ausschüttungen entscheiden.

Wenn man als Beispiel die Top-Dividendenwerte internationaler Aktienunternehmen heranzieht, so waren in den vergangenen Jahren sehr gute Wertzuwächse der Investmentfonds zu verzeichnen. Darüber hinaus wurden auch noch einige Dividendengutschriften ausgeschüttet.

Cashflow ist manchen Investoren deshalb wichtig, weil Cashflow auch die finanzielle Handlungsfähigkeit erhält und neues Kapital für weitere Investments zur Verfügung stellt. Darüber hinaus werden Dividenden im Laufe der Jahre immer interessanter, da die Dividenden immer prozentual vom aktuellen Gewinn der Unternehmen ausgeschüttet werden. Wenn Unternehmen im Laufe der Jahre aber erfolgreich gewirtschaftet haben und Kurszuwachse entstanden sind, dann sind die auf das Anfangsinvestment bezogenen

Ausschüttungen prozentual wesentlich höher als auf den aktuellen Kurswert und generieren so interessante Renditen zusätzlich zu den Kursgewinnen.

Je nach Asset-Allokation und Strategie kann man diese Ausschüttungen zur weiteren Anlage in diverse Wertpapiere oder für anderweitige Zwecke verwenden.

Erträge aus den Investmentfonds kann man somit teilweise als Cashflow heranziehen.

Grund 20
Ökologisch oder ethisch investieren

Haben Ihnen in dem Beispiel bei Grund 18 die ökologisch und sozial ausgerichteten Unternehmen gefehlt? Ich kann Sie beruhigen: Sie könnten bei jedem Produkt auch solche Unternehmen nennen. Nur würde die eventuell nicht jeder Leser kennen.

Mittlerweile gibt es eine ganze Reihe von Investmentfonds, die nach Anlagepolitik nur in ökologische oder auch nachhaltige Unternehmen investieren. Im Bereich der religiösen Investmentfonds gibt es ein überschaubares Angebot. Selbst im Bereich der Mikrofinanz, bei der mit Kleinstkrediten Entwicklungshilfe unterstützt werden soll, kann man als Privatinvestor investieren.

Im Rahmen der Portfoliotheorie und des Capital Asset Pricing Model würde sich allerdings eine größere Streuung und Diversifikation empfehlen, statt sein Depot zum Beispiel »nur« nach ökologischen und nachhaltigen Kriterien zusammenzustellen. Zugleich haben sich aber die Anlagen der Ökofonds im Laufe der Zeit teilweise auch auf die international bekannten Unternehmen erweitert, sofern sie die festgelegten Rahmenbedingungen der Fonds erfüllen.

Ein gutes Beispiel ist das Unternehmen SCA Hygiene Products, das Tempo herstellt.

Das Unternehmen würde eventuell nicht bei jedem gleich den Gedanken an einen Öko-Hersteller auslösen. Es ist aber beispielsweise beim Anbieter Ökoworld auf der Liste der Unternehmen, in die der Fonds investieren kann. Insofern muss man sich gedanklich nicht nur auf Unternehmen einstellen, die ausschließlich ökologische Produkte anbieten, sondern auch auf Unternehmen, die bei der Produktion ökologische Richtlinien einhalten. Somit erweitern sich die Möglichkeiten der Investmentfonds, in verschiedene Unternehmen zu investieren, und gleichzeitig besteht die Möglichkeit, auch an

Unternehmensentwicklungen von Unternehmen zu partizipieren, die ökologische Produktlinien aufbauen wollen.

Letztendlich haben die Verbraucher die Macht, den Herstellern zu zeigen, welche Produkte sie herstellen sollen. Wenn die Verbraucher die ökologischen Hersteller vorziehen, wird das mit der Zeit bei den konventionellen Herstellern zu einer Umstellungen führen.

Wenn Sie Ihren Anlagehorizont einschränken und zum Beispiel nur nachhaltige Fonds auswählen, dann nehmen Sie sich jedoch auch Chancen, die Sie in anderen Bereichen erzielen könnten. Das muss jeder Investor für sich entscheiden. **Auf jeden Fall kann man mit Investmentfonds auch ökologisch und ethisch investieren.**

Grund 21
In »exotischere« Regionen investieren

Wir haben bislang nur bekanntere Marken und Unternehmen betrachtet und die Möglichkeiten ökologischer und nachhaltiger Anlagen erörtert. Doch dem Investor steht heutzutage nahezu jede Region der Welt für Anlagen und Investments zur Verfügung.

Einige mögen bei »exotischen« Orten vielleicht nicht sofort an sichere Geldanlagen denken, aber wir dürfen nicht vergessen, wie die Weltwirtschaft sich mittlerweile entwickelt hat und wie die Märkte ineinandergreifen.

Bei den Beispielen zu Grund 18, »In Unternehmen investieren, deren Produkte man kauft«, haben wir gesehen, dass nicht nur Produkte und Dienstleistungen von Unternehmen aus Deutschland zu den allseits bekannten Unternehmen gehören, sondern auch Unternehmen aus Japan, den USA, Großbritannien, der Schweiz, Hongkong und Schweden. Esprit hat seinen Sitz auf Bermuda und seine operativen Hauptzentralen in Hongkong und Deutschland. Wie man hier gut sehen kann, verdienen Unternehmen aus verschieden Ländern auch in den verschiedensten Ländern der Welt ihre Umsätze.

Wenn man beispielsweise an Kühlschränke denkt, dann denkt man in erster Linie an die bekannteren Markenhersteller. Diese lassen aber mittlerweile fast ausnahmslos in China produzieren. Dies erfolgt dann entweder in neu gegründeten Joint-Venture-Firmen der Markenhersteller, oder diese lassen die Herstellung von chinesischen Firmen durchführen und verschiffen die fertigen Produkte in die Bestimmungsländer. Ganz unbewusst waren so die meisten von uns schon Konsumenten von Artikeln, die in Macau, Taiwan, China, Bangladesch, Thailand usw. hergestellt wurden.

Was aber noch viel entscheidender ist: Die Entwicklungen in diesen und anderen Ländern rund um die Erde können überwiegend als aufstrebend bezeichnet werden und bieten mit gutem Wirtschaftswachstum auch gute Investmentmöglichkeiten.

Was haben Sie im Sinn, wenn Sie an Indien, Thailand, Indonesien, Singapur und Vietnam denken?

Man kann auch mal in exotischere Regionen investieren.

Grund 22
Mehr Rendite mit mehr Risiko erzielen

Mit Investmentfonds stehen einem Investor nahezu alle Märkte zur Verfügung. Sie können also mit Investmentfonds, angefangen von Geldmarktinstrumenten bis hin zu Hedge-Fonds, in alle Asset-Klassen investieren. Wenn man sich die sogenannte Kapitalmarktlinie anschaut, dann geht mit einer steigenden erwarteten Portfoliorendite auch eine Zunahme des Risikos der Anlage einher:

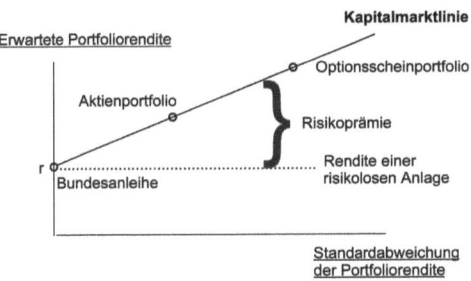

Abb. 3: Eigene Darstellung.[9]

Angefangen bei der unterstellt risikolosen Bundesanleihe über Immobilien, Anleihen, Aktien und Optionen bis hin zu CFDs und Futures ist nahezu jede Klasse denkbar, wobei letztere eher nicht über Investmentfonds angeboten werden. Mit dem Risiko der Anlagen steigen somit auch die Renditemöglichkeiten.

Für die stressfreien Anlagen, die man als Privatanleger und Privatinvestor passiv tätigen kann, eignen sich die Anlageklassen Geldmarkt, Immobilien, Anleihen und Aktien. Aber gerade hierbei gibt es auch interessante Chancen. Wie erwähnt, bieten auch viele Schwellenländer (»Emerging Markets«) und Länder, die bald zum Entwicklungsland werden (»Frontier Markets«), große Chancen. Auch in diesen Ländern gibt es große Player und Sektoren, die aussichtsreiche Wachstumsergebnisse erzielen. Weiter sind auch die Anleihemärkte in diesen Ländern interessant, da diese aufgrund ihres oft großen Wirtschaftswachstums auch hohe Zinsen und somit Renditen für Anleihen bieten. Oft haben die Anleihefonds, die in Schwellenländer investieren oder die Emerging-Markets-Aktienfonds in der Vergangenheit die größten Wertentwicklungen erreicht.

Mit den richtigen Investmentfonds kann man also auch mal mehr Rendite mit mehr Risiko erzielen.

Die Anlage in Schwellenländer eignet sich zur Beimischung in gut diversifizierte Portfolien. Neben den Schwellenländerfonds sind oft auch die globalen Player in den Schwellenländern gut aufgestellt. Mit Investments in internationale Standardwerte partizipiert man oft schon an den Entwicklungen in fernen Ländern und Märkten.

---

[9] Vgl. *Gabler Wirtschaftslexikon,* Springer Fachmedien Wiesbaden, 16. Auflage, 2005, S. 579–580; Prof. Dr. Martin Faust: *Portfoliomanagement Grundlagen,* Frankfurt School of Finance & Management, Frankfurt am Main, 3. Auflage, 2008, S. 20.

Grund 23
Mit Renditen aus Investmentfonds vermögend werden

Was glauben Sie, wie viel Rendite und wie viel Kapital benötigt man, um vermögend zu werden? Zunächst ist das immer eine individuelle Sache. Für die einen sind es mehrere tausend Euro, für die anderen mehrere Millionen. Fakt ist, dass man zum Vermögensaufbau die Faktoren Zeit, Geld und Rendite benötigt. Je mehr Zeit man zur Verfügung hat, desto mehr kann sich der sogenannte Zinseszinseffekt auswirken und das Gesamtkapital positiv beeinflussen. Nicht umsonst hat Albert Einstein den Zinseszinseffekt angeblich als achtes Weltwunder bezeichnet.

Wenn Sie dreißig Jahre lang 100 € pro Monat investieren, dann erhalten Sie bei

2 % Rendite p.a. insgesamt	49.655,33 €
4 % Rendite p.a. insgesamt	69.994,00 €
6 % Rendite p.a. insgesamt	100.562,01 €

Mit 10.000 € Anfangsinvestment und einer monatlichen Investition von 100 € kommen Sie bei 6 % schon auf 157.996,92 €. Wichtig für alle Zwanzigjährigen: Mit 100 € pro Monat und 6 % Rendite pro Jahr kann man rechnerisch in 45 Jahren auf 270.609,75 € kommen. Es ist also möglich, auch mit Sparbeträgen ein Vermögen aufzubauen und die Altersversorgung zu sichern.

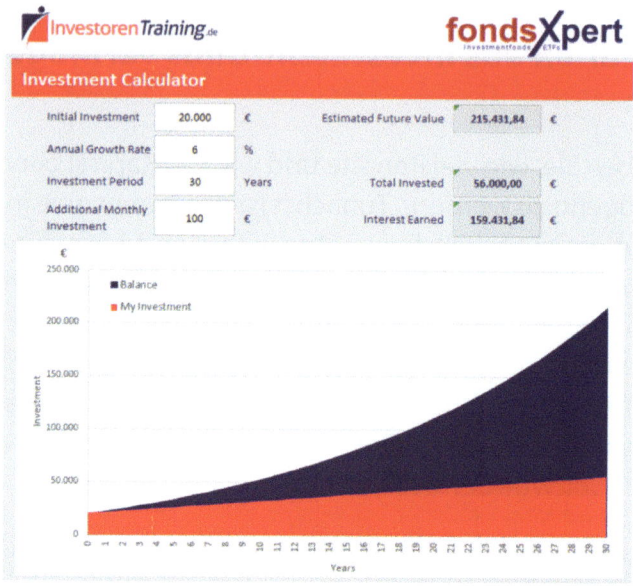

Abb. 4: Investmentrechner.[10]

---

[10] Unverbindliche Hochrechnungen ohne jede Gewährleistung. Die Hochrechnungen sind keine Anlageberatung oder Empfehlung zum Kauf von Wertpapieren. Sie können auch gerne Ihre eigenen Hochrechnungen vornehmen. Bitte tragen Sie sich auf www.investorentraining.de/leserbonus ein, dann erhalten Sie kostenfrei weitere Informationen sowie den Link zum Download der Investmentrechner.

Grund 24
Die finanzielle Zukunft selbst in der Hand haben

Investmentfonds sind ein Instrument, mit der Sie Ihre finanzielle Zukunft selbst in der Hand haben können. Wie Sie gesehen haben, werden Sie mit niedrigen Zinsen oder Renditen niemals ein großes Vermögen aufbauen können. Es sei denn, Sie sparen oder investieren wesentlich größere Beträge.

Wenn man sich noch einmal die Abb. 4 des Investmentrechners anschaut, sieht man auf den ersten Blick, wie sich die Gesamtsumme aus den Einzahlungen (in Rot dargestellt) und den Erträgen (in Blau dargestellt) zusammensetzt. Auf der Grafik kann man sehr gut erkennen, wie stark sich die Wiederanlagen der Renditen auswirken und was für einen immensen Vorteil diese bringen können. Bei der Planung von finanziellen Zielen sollten also zunächst einmal die Informationen vorhanden sein, dann der konkrete Plan erstellt werden und dann die Umsetzung erfolgen.

Mit Investmentfonds haben Sie eine Möglichkeit an der Hand, in viele sehr lukrative und interessante Bereiche zu investieren und dabei gute Renditen zu erzielen. Natürlich muss man auch im Bereich der Investmentfonds nicht blindlings alles kaufen, was einem über den Weg läuft, sondern konkret schauen, welche Bereiche Sinn für die Portfoliobildung ergeben und welche Fonds möglichst dauerhaft bessere Ergebnisse als die Vergleichsgruppe erzielt haben.

Wie Sie solche Investmentfonds finden können, zeige ich im Buch *Investmentfonds – So finden Sie die richtigen Investmentfonds,* BoD Verlag, Norderstedt, 2017. Ich führe dabei auch durch den Prozess, wie man sich ein Investmentfondsdepot zusammenstellt, das die persönliche Risikoneigung und die Anlageziele des Investors berücksichtigt.

Wenn man den Markt für Investments und Kapitalanlagen betrachtet, dann gibt es weitere Handlungsempfehlungen, etwa das CFD-Trading oder den Optionsscheinhandel. Erfahrungsgemäß sind diese aber mit weitaus mehr Aufwand verbunden und haben bereits unzähligen Personen Verluste ihres Kapitals beschert. Diese Anlageformen gehen mit hohen Verlustrisiken einher und setzen eine bestimmte Wissensbasis sowie persönliches Engagement voraus. Dies soll nicht als Lobgesang auf Investmentfonds verstanden werden, aber in diesem Bereich können Privatanleger oder Privatinvestoren tatsächlich mit einem guten Grundwissen solide Entscheidungen treffen und sich mit einem ausgewogenen Risiko-Rendite-Mix ein gutes Portfolio an Investmentfonds zusammenstellen.

Wer sich das alleine nicht zutraut, der kann die gewonnen Erkenntnisse nutzen, um mit einem Vorwissen auf einen unabhängigen Finanzanlagenberater zuzugehen und mit ihm seine Ideen und Pläne zu besprechen. Mit dem richtigen Berater werden Sie auch **Ihre finanzielle Zukunft selbst in der Hand haben.** Man muss nicht alles selbst machen. Aber es ist gut zu wissen, wie es geht.

Grund 25
Lösungen für jedermann

Bei den bekannten Fondsdepotbanken kann man aus 5.000 bis 8.500 Investmentfonds wählen. Diese Auswahl bezieht sich u.a. auf die Investmentfonds, die auch die beste Performance geliefert haben. Sie umfasst auch die als gut und sehr gut bewerteten Investmentfonds, die von Morningstar, FERI, FWW Fundstars usw. Auszeichnungen für die Ergebnisse der vergangenen Jahre erhalten haben.

Wie erwähnt, können Sie sich dabei Investmentfonds aus vielen Anlageklassen für ein ausgewogenes Portfolio zusammenstellen und in das Depot hineinkaufen. Ob Sie nur ein geringes Risiko eingehen möchten oder aggressivere Renditeziele verfolgen – Sie können mit der großen Anzahl an Investmentfonds sinnvolle Depots zusammenstellen und dabei auch außerordentlich gute Renditen erzielen. Denken Sie daran: Alle Investmentfonds und deren Aktivitäten sind überwacht und werden überprüft. Wenn Sie sich für Fonds entscheiden, die im bekannten Terrain registriert sind, können Sie auf die professionelle Verwaltung des Fondsvermögens vertrauen.

Wenn es Ihnen gelingt, sich nachhaltig jene Fonds zu suchen, die besser als die Benchmark abschneiden und ihre Vergleichsgruppe weit hinter sich lassen, dann haben Sie sogar Chancen auf weit bessere Erträge und höhere Renditen als gedacht. Wichtig ist dabei, dass Sie entweder selbst eine gute Wissensbasis aufbauen und sich ein gutes Depot zusammenstellen oder einen guten Berater haben, der Ihnen dabei hilft, Ihre Ziele in eine gute Auswahl an Investmentfonds für Ihr Depot zu übertragen. Entscheiden tun dabei immer Sie selbst. Ein Berater kann Ihnen ausgehend von seinen Erfahrungswerten nur helfen und Vorschläge machen, die Verantwortung für Ihr Depot müssen Sie selbst übernehmen.

Meine Empfehlung an Sie lautet, dass Sie Ihre Wissensbasis so gut wie möglich ausbauen und dann alleine oder mit Hilfe von guten Beratern Ihr Depot aufsetzen. Je mehr Interesse Sie an den Investments entwickeln, umso mehr Spaß wird Ihr Depot Ihnen bereiten und umso mehr Erträge werden Sie mit der Zeit vermutlich generieren. Wenn Sie dies so umsetzen und nicht bei der nächsten Bank um die Ecke den nächstbesten hauseigenen Fonds kaufen, dann werden Sie bessere Ergebnisse erzielen, als Sie vermuten.

Denken Sie daran: Es gibt Lösungen für jedermann!

Vielen Dank !

Ich hoffe, das Buch hat Ihnen gefallen und Ihnen einen guten Eindruck davon vermittelt, was Investmentfonds sind und warum Sie in Investmentfonds investieren sollten.

Mein Ziel war es, Ihnen kurz und knapp mit 25 Gründen aufzuzeigen, warum Investmentfonds das perfekte Instrument für Privatanleger und Investoren sind, die nicht ständig selbst Anlagen überwachen oder viel Zeit und Geld investieren wollen, um sich mit den diversen Anlagemöglichkeiten vertraut zu machen.

Ganz nebenbei schließen Investmentfonds viele Risiken aus, die andere Anlageformen haben. Gleichzeitig sind sie ein gutes Fundament für weitere finanzielle Ziele und Pläne. Sowohl die Altersvorsorge als auch mittelfristige Ziele wie der Kauf von Wohnungen und Häusern lassen sich mittels Investmentfonds mit Sparbeträgen und kleineren Einmalanlagen gut umsetzen. Mit der richtigen Zusammenstellung und Rendite lassen sich viele Strategien umsetzen und Ziele erreichen.

Lassen Sie sich von Korrekturen an den Aktienmärkten nicht täuschen. Die gab es immer und wird es auch immer geben, da die Märkte zu Über- und Untertreibungen neigen. Deshalb ist strategisches Investieren wichtig. Mit monatlichen Sparbeträgen lässt sich generell ein guter durchschnittlicher Einstiegspreis erzielen, während bei Einmalanlagen die Marktphase berücksichtigt werden sollte und man das Risiko des Depots auch danach ausrichten muss.

Bitte lassen Sie sich auch nicht von Kritikern beirren, denen jegliche Gebühren zu teuer erscheinen. Diese Personen vergessen wohl, dass auch sie für ihre Tätigkeit eine Vergütung erhalten. Ich kann Ihnen erfahrungsgemäß sagen, dass einige Fondsmanager ihre Vergütung wirklich verdienen, da sie große Mehrwerte erzielen. Natürlich trifft das nicht auf jeden Fondsmanager und jeden Investmentfonds zu, aber diese Fonds und Regionen gilt es zu finden.

Es ist mir wichtig, dass Sie bessere Renditen erzielen und mehr Wohlstand aufbauen. Wenn ich Ihnen mit diesem Buch dabei helfen kann, freut es mich. Gerne unterstütze ich Sie auch mit weiteren Informationen. Wenn Sie sich auf der Webseite

www.investorentraining.de/leserbonus

eintragen, erhalten Sie als kostenlosen Leserbonus automatisch weitere Informationen sowie einen Link, um sich kostenlos die für Sie passenden Investmentrechner herunterzuladen.

Gerne stehe ich Ihnen auch mit fachlicher Hilfe zur Seite. Sie erreichen mich per E-Mail an mail@fondsxpert.de.

Über den Autor

Abb. 5 [11]

Autor:

Daniel K. Bergmann, MBA, studierte an diversen Universitäten, Business Schools und privaten Bildungsinstitutionen in Deutschland, England, Frankreich, der Schweiz und Österreich. Studium der Bereiche Finanzwirtschaft, Betriebswirtschaft und Managementwissenschaften, Zusatzqualifikation als Wertpapieranalyst. Seit 1990 ist er in der Finanz- und Versicherungswirtschaft tätig. In den letzten zwanzig Jahren hat Daniel K. Bergmann mehrere tausend Kunden beraten und betreut, sowohl bei der Anlageberatung und Altersvorsorge als auch bei der Absicherung von Risiken im privaten und gewerblichen Bereich.

Links zum Buch und Autor:

www.investorentraining.de »   Webseite von Investorentraining.de

www.investorentraining.de/leserbonus »   Bonusseite zum Buch

www.fondsxpert.de »   Depot- & Finanzanlagenberatung

---

[11] Quellen Abbildungen:

https://de.fotolia.com/id/93583957 © Stefan Yang

https://de.fotolia.com/id/49058708 © Coloures-Pic

Depotvermittlungen, Finanzanlagen & Informationen

Wenn Sie neben den Informationen in diesem Buch und den Informationen auf den bereits genannten Webseiten weitere fachliche Unterstützung benötigen oder sich von uns betreuen oder beraten lassen möchten, dann können Sie uns auch gerne direkt kontaktieren und Ihr Investmentfondsdepot über uns eröffnen oder uns die Betreuung Ihrer Investmentdepots anvertrauen.

www.fondsxpert.de

Neben verschiedenen Depotlösungen für Anleger und Investoren, einer großen Auswahl an Investmentfonds, verschiedenen Informationen über Fonds, das Marktgeschehen und Musterdepots, bieten wir unseren Kunden fachkundige Unterstützung.

Senden Sie uns eine E-Mail mit Ihrer Nachricht an:

mail@fondsxpert.de

Wir setzen uns so schnell es geht mit Ihnen in Verbindung und besprechen, wie wir Ihnen erfolgreich helfen können, ein passendes Investmentfondsdepot aufzubauen.

Depotlösungen
Mehrere tausend Investmentfonds
Musterdepotvarianten
Individuelle Lösungen
Onlineunterstützung
Skype Konferenzen
Informationen
Topinformiert im Kundenbereich

Wir unterstützen Sie dabei, erfolgreich zu investieren!

Lesen Sie auch:

Investmentfonds

So finden Sie die richtigen Investmentfonds

Daniel K. Bergmann

BoD Verlag, Norderstedt, 2017;
ISBN 978-3-7448-4001-9

Wollen Sie wissen, wie Sie die Investmentfonds finden, die Ihnen Renditen von 5 %, 9 % oder auch 12 % pro Jahr im Durchschnitt bringen können, oder wie ein Investmentdepot insgesamt eine Rendite von 5–7 % pro Jahr erreichen kann?

Dann ist dieses Buch genau richtig für Sie!

Dieses Buch hilft Ihnen, die Investmentfonds zu finden, die Ihnen die Renditen bringen, die Sie haben möchten. Als Privatperson kann man sich ein gutes Investmentdepot mit einem überschaubaren Aufwand selbst zusammenstellen oder auch von Fachleuten zusammenstellen lassen. Leider kennen die wenigsten Privatanleger die Wege, wie man die Investmentfonds findet, die besser sind als die Vergleichswerte, und wie man ein Investmentdepot richtig führt.

In diesem Buch wird Ihnen aufgezeigt, wie man unter Berücksichtigung von persönlicher Risiko- und Ertragserwartung ein Investmentdepot individuell aufsetzt und die entsprechenden Investmentfonds findet, die einem die Rendite bringen, die man als Sparer und Privatanleger wirklich haben will.

An Hand eines vor mehreren Jahren aufgesetzten Musterdepot-Falls wird die tatsächliche Entwicklung der letzten Jahre im Buch betrachtet und der Leser wird durch den beispielhaften Prozess des Depotaufbaus und der Depotverwaltung geführt.

Ziel des Buches ist es, dem Leser Hintergrundinformationen und auch ein Gefühl dafür zu vermitteln, wie man ein Depot individuell aufsetzt und wie man die richtigen Investmentfonds findet.

Investmentfonds sind die Alternative für Privatinvestoren und Sparer, die Vermögen aufbauen und auch Kapital für die Altersversorgung bilden wollen.

Vergessen Sie Nullzinsanlagen und investieren Sie in die richtigen Investmentfonds.